GOUVERNEMENT GÉNÉRAL CIVIL DE L'ALGÉRIE

ÉTUDE

SUR

LES IMPOTS ARABES EN ALGÉRIE.

ALGER

IMPRIMERIE GOJOSSO ET Cⁱᵉ, IMPRIMEURS DU GOUVERNEMENT

—

1879

ÉTUDE

SUR

LES IMPOTS ARABES EN ALGÉRIE

ALGER

IMPRIMERIE GOJOSSO ET Cⁱᵉ, IMPRIMEURS DU GOUVERNEMENT

1879

ÉTUDE

SUR LES

IMPOTS ARABES EN ALGÉRIE

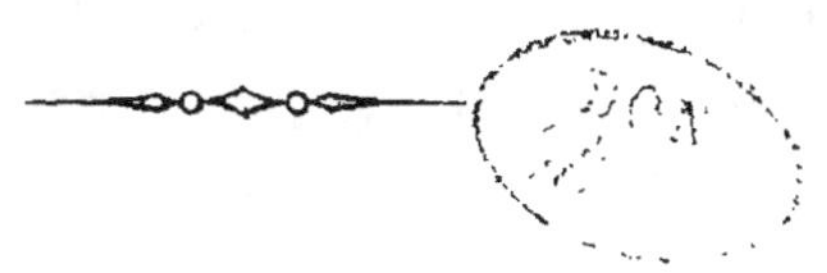

Revenus de la Régence

Sous le gouvernement du Dey, les finances et les revenus domaniaux de la Régence étaient exclusivement administrés et perçus par les Turcs qui, seuls, occupaient toutes les charges honorifiques et lucratives.

Leur expulsion ayant suivi de près la conquête et tous les documents officiels ayant été anéantis ou soustraits, lorsque l'administration française s'est occupée de rechercher les impôts précédemment établis, elle s'est trouvée dépourvue de tout renseignement authentique et réduite aux informations que lui ont procurées la notoriété et quelques documents échappés à la soustraction.

Suivant ces informations, le revenu public de la Régence se composait :

1° Des tributs payés par les Beys d'Oran et de Constantine qui fixaient ensuite comme ils l'entendaient et pour leur compte, les taxes que leur payaient les tribus de ces provinces ;

2° De ceux que versaient au même titre, les sept caïds du Gouvernement d'Alger ;

3° De l'abonnement du Bey d'Oran pour les domaines et le monopole du port d'Oran ;

4° D'une prestation de 200,000 mesures de blé et de 10,000 mesures d'orge, la première versée par les cheiks arabes et la seconde, par les Beys de Constantine et d'Oran ;

5° Des revenus du domaine public de la Régence d'Alger ;

6° Du produit des successions qui n'avaient point d'héritiers légaux ;

7° Du produit des amendes et des confiscations : la confiscation suivait de plein droit la condamnation criminelle ;

8° Du produit des impôts perçus aux portes et dans les marchés de la capitale, sur certaines denrées de consommation ;

9° Des produits du monopole des laines, des cires, des peaux et du sel ;

10° Des droits de douanes ;

11° D'une capitation sur les individus juifs. Cette taxe consistait : 1° en 16 pataques chiques par chef de famille et par mois ; 2° en 900 pataques chiques versées par semaine entre les mains du cadi par les soins du chef de la nation juive (la pataque chique représentait une valeur de 0 fr. 60) ;

12° D'une capitation sur les corporations maures. Chaque corporation (corps de métiers) était taxée en masse et le chef de chacune d'elles faisait la répartition. Cet impôt produisait au gouvernement du Dey, en moyenne, 70,000 francs par an ;

13° D'un impôt sur les filles publiques ;

14° De la redevance payée par la France pour le privilége de la pêche du corail ;

15° Des tributs payés par diverses puissances européennes.

Parmi ces diverses sources de produits, il en était peu que l'administration française pût s'approprier à cause de la situation nouvelle du pays.

Dès les premiers jours de l'occupation, elle supprima les taxes qui ne répondaient pas à notre régime économique et financier ; elle prit ensuite les dispositions nécessaires pour réformer celles qui paraissaient pouvoir être maintenues en principe, et finalement elle en établit de nouvelles.

Impôts indirects

Les réformes furent introduites rapidement dans les revenus que nous pouvons classer parmi les impôts indirects et qui étaient les plus nombreux sous l'ancien gouvernement.

Ainsi, l'Administration rétablit, après les avoir modifiés :

1° La taxe prélevée en nature sur les grains apportés au marché d'Alger ;

2° Le droit sur les objets de consommation, perçu aux portes de cette ville ;

3° Le droit perçu à l'abattoir d'Alger, sur chaque tête de bétail ;

4° La taxe sur les huiles ;

5° Les droits de douanes ;

6° L'impôt sur les filles publiques.

Les perceptions qui furent ajoutées à celles qui précèdent sont :

1° Le droit d'enregistrement ;

2° Le droit sur les actes de greffe ;

3° Le droit de licence sur le débit des boissons ;

4° Le droit pour permis de pêche et de navigation ;

5° Le droit sur les passe-ports ;

6° Le droit sur le poinçonnage et poids publics ;

7° Enfin, le droit pour autorisation de petite voirie.

Ces sources de revenus qui s'élevaient en 1832, à un total de 1,600,000 francs, se sont considérablement accrues depuis cette époque ; elles ont subi, les unes et les autres, de nombreuses et successives modifications ; certaines ont été supprimées pour faire place à de nouvelles et d'autres, tout en étant maintenues, ont dû être abandonnées aux communes, au fur et à mesure de leur organisation.

Nous ne les suivrons pas dans leurs transformations pour nous occuper des produits ou revenus directs, et spécialement de l'étude des impôts arabes.

Impôts directs

La capitation sur les Juifs fut abolie immédiatement.

Celle qui frappait les corporations maures de la ville d'Alger fut remplacée, dès l'année 1831, par des droits de patentes.

Mais là s'arrêtèrent les réformes en ce qui touche le mode et l'assiette proprement dite des Contributions directes. Il ne pouvait en être autrement chez un peuple dont l'organisation sociale n'était qu'imparfaitement accusée, dans un pays aussi primitif qui échappait encore à notre domination et où la propriété, base fondamentale des principaux impôts directs, n'était ni assise, ni déterminée.

Impôts arabes

Pour se créer des ressources immédiates et sans doute aussi dans un but politique, le Gouvernement résolut de maintenir et d'exiger même par la force, partout où la force pourrait s'étendre, les tributs souvent excessifs que les Turcs avaient imposés arbitrairement aux Arabes, se réservant toutefois de les réviser et de les rendre plus équitables aussitôt que les circonstances le permettraient.

Cette mesure, quelque dure qu'elle fût pour les vaincus, paraissait devoir être accueillie par eux sans trop de résistance, car exiger des tributs, protéger ses amis, écraser ses ennemis, sont pour les Arabes comme pour tous les peuples fanatiques, les caractères et les conditions de la puissance.

D'autre part, il était permis de supposer que les chefs indigènes ne demanderaient pas mieux de nous voir suivre la voie tracée par nos prédécesseurs, dans l'espoir d'y trouver le moyen d'exercer la même action politique : accorder des priviléges aux uns, punir les autres, vendre la protection, récompenser la fidélité et répartir selon leur bon plaisir, toujours à leur profit, les charges incombant aux territoires placés sous leur commandement.

Les prévisions du Gouvernement ne se réalisèrent pas. Aucun chef arabe de l'intérieur ne fit sa soumission ; les tribus un peu éloignées d'Alger refusèrent d'acquitter l'impôt et le pays tomba dans la plus complète anarchie.

Cette situation, quelque déplorable qu'elle fût pour notre politique, seconda puissamment les vues d'Abdelkader qui levait l'étendard de la révolte et prêchait déjà une guerre de religion.

Le traité de la Tafna en concédant à l'émir une grande partie de la province d'Alger, la province de Tittery et celle d'Oran moins les villes d'Oran, de Mostaganem, de Mazagran et d'Arzew, permit au nouveau sultan de s'occuper de l'organisation politique et financière de son royaume.

Il abolit immédiatement la plupart des impôts perçus sous les Turcs et frappa une nouvelle contribution, à la fois régulière et uniforme, d'après laquelle chaque

tribu était tenue de faire l'abandon de la dixième partie de son revenu.

Causes de la différence des impôts arabes dans les trois provinces

Lorsque ces territoires rentrèrent sous notre domination, l'administration maintint et appliqua à toute
l'étendue des provinces d'Alger et d'Oran, le système
impositaire établi par Abdelkader. D'autre part, elle
conserva dans la province de Constantine les taxes les
plus importantes prélevées par l'ancien Bey, c'est-à-dire
l'achour et le hokor.

N'ayant jamais voulu reconnaître la souveraineté
d'Abdelkader, le Bey de Constantine n'avait introduit
dans l'impôt aucune réforme. Le régime fiscal de cette
province devait en conséquence différer de celui qui
était en vigueur dans les autres.

Cette différence existait en effet ; elle se constate encore aujourd'hui, aucune transformation radicale
n'ayant été apportée dans l'assiette des impôts arabes.

Impôts arabes sous les Turcs

Sous le gouvernement turc les impôts arabes étaient
de deux natures, en denrées et en argent.

Impôts en argent. — Ceux perçus en argent étaient pour la plupart essentiellement arbitraires et ils étaient pour la plupart aussi, prélevés sous forme de présents ou hedia.

Pour n'en citer qu'un seul : Lorsqu'un caïd de la Régence partait pour Alger, il prélevait dans les tribus trois rebaïa, soit environ 1 fr. 35 par charrue cultivée, et il offrait en présent au Dey la somme ainsi recueillie.

L'arbitraire régnant en maitre dans cette sorte d'impôt, l'on peut se rendre compte des charges multiples qui écrasaient à ce titre la population indigène, car le Dey n'était pas seul à recevoir des présents. Les dignitaires et les hauts fonctionnaires en exigeaient également et il n'était pas un agent subalterne de l'ordre administratif le plus infime qui n'en acceptât à son tour, pour vendre sa protection et favoriser les abus.

L'administration française ne maintint, ainsi que l'avait fait précédemment Abdelkader, que les présents qui étant périodiques pouvaient être considérés comme de véritables impôts.

Le moins connu est le hak el burnous qui après avoir été réglementé par l'arrêté du 5 février 1844, a été supprimé par décision ministérielle du 28 février 1850.

Cet impôt n'était prélevé que dans les provinces d'Alger et d'Oran. Au moment ou au renouvellement de leur investiture, les Caïds et les Cheiks devaient verser le jour même de la cérémonie, un cheval propre au service de la cavalerie et le prix en était également réparti sur toute la tribu comme les impôts ordinaires.

Nous trouvons ensuite le hak ech chabir, l'eussa et le bezra.

Le hak ech chabir, impôt particulier aux tribus Maghzen de la province d'Oran, les Douairs et les Smélas, a été reconnu par le traité du Figuier (16 juin 1835) et maintenu par l'arrêté du 16 septembre 1842, portant organisation des Maghzen. Ces tribus payent, même de nos jours, l'achour et le zekkat d'après un tarif spécial et fixe : 30 francs par charrue, sans distinction de la récolte, pour l'achour, et à titre de zekkat, 0 fr. 10 par tête de bétail (chameaux, bœufs, chèvres ou moutons).

L'eussa était payé par les tribus du désert qui, à des époques périodiques, venaient s'approvisionner de grains dans le Tell.

Voici ce qui se passait sous les Turcs :

Chaque Bey donnait aux tribus intermédiaires entre le Tell et le Sahara, l'autorisation d'aller au devant des populations du Sud au moment où elles venaient s'approvisionner de grains ; ces tribus s'efforçaient par de bons traitements d'amener ces populations dans leur Beylik, puis lorsque celles-ci étaient établies dans le Tell, le Bey en prélevait une contribution en argent souvent très considérable. En récompense de ce résultat, il donnait à chaque chef du petit désert qui avait fait cette sorte de courtage, un beau présent et de plus la faculté de percevoir pour son compte une redevance appelée bezra qu'il devait partager avec les principaux de la tribu.

Le bezra a été supprimé par l'administration française aussitôt que les circonstances l'ont permis. Quant à l'impôt eussa, il a été maintenu pendant longtemps après avoir été, il est vrai, atténué (circulaire gouvernementale du 6 août 1845) ; il a fini par disparaître à son tour et a été remplacé par l'impôt de printemps (zekkat) auquel sont actuellement assujetties les populations du Sud lorsqu'elles séjournent dans le Tell.

L'impôt hokor, spécial à la province de Constantine, était également perçu en argent par les Turcs. Comme cette redevance est liée en quelque sorte à l'achour de cette province, nous en parlerons plus longuement lorsqu'il sera question de celui-ci.

Impôts en nature. — L'impôt en nature porte dans le coran le nom de zekkat.

« Le zekkat est une ordonnance de Dieu, obligatoire
« pour tout individu libre, sain d'esprit et de corps,
« musulman, qui est pourvu en toute propriété de la
« quantité de biens fixée par la loi pour payer l'impôt.
« Les prélèvements ordonnés par la loi, à titre d'o-
« bligation canonique, atteignent les troupeaux et les
« produits du sol.

1° Prélèvements sur les troupeaux.

« Les troupeaux de chameaux, de bœufs, de mou-
« tons et de chèvres possédés en toute propriété de-
« puis une année complète, animaux paissants, ani-
« maux de travail, produits vivants de ces troupeaux,
« sont frappés par l'impôt dans les proportions sui-
« vantes :

Prélèvements sur les chameaux .

« Au-dessous de 5 chameaux : néant.

« De 5 à 24 chameaux : une brebis ou un mouton de
« 2 ans accomplis.

« De 25 à 35 chameaux : une chamelle d'un an ac-
« compli ou un chameau de deux ans.

« De 36 à 45 chameaux : une chamelle de deux ans
« accomplis.

« Etc.

Prélèvements sur le bétail a cornes
ou d'espèce bovine

« Au-dessous de 30 bêtes bovines : néant.

« De 30 à 39 bêtes bovines : un veau ou une génisse
« de 2 ans accomplis.

« De 40 à 59 bêtes bovines : une vache de 3 ans ac-
« complis.

« De 60 à 69 bêtes bovines : 2 veaux de 2 ans.

« Etc.

Prélèvements sur le menu bétail
(moutons et chèvres)

« Au-dessous de 40 têtes : néant.

« De 40 à 119 têtes : une brebis ou un mouton ou un
« bouc d'un an accompli.

« De 120 à 199 têtes : 2 têtes de menu bétail.

« De 200 à 299 têtes : 3 têtes de menu bétail.

« Etc.

Prélèvements sur les produits du sol

Les prélèvements sont ordonnés pour les produits du sol indiqués ci après :

« 1° Grains légumineux à cosses, à enveloppes ou à
« siliques : pois chiches, fèves, haricots, lentilles, lu-
« pins, pois de plein champ, pois ordinaires ;
« 2° Grains proprement dits : blé, orge, froment,
riz, maïs ;
« 3° Grains huileux : olives, graine de Sésame,
« graine de raïfort rouge, graine de carthame ;
« 4° Fruits susceptibles de dessication et même
« employés frais : raisins, dattes.

« A partir d'une quantité de 5 ouak qui représen-
« tent 15 quintaux environ et égalent 60 sâa, on pré-
« lève le 1/10 ou la dîme. Le prélèvement est réduit
« de moitié lorsque les récoltes sont produites au
« moyen d'une irrigation artificielle.
« L'impôt sur le bétail doit être prélevé au commen-
« cement de l'été, avant que les troupeaux aient été
« mis en pâturage, c'est-à dire à l'époque où la cons-
« tellation des pléiades se lève au moment de l'au-
« rore.
« Les prélèvements sur les produits du sol doivent
« être effectués lorsque les grains et les fruits sont en
« maturité.

« En outre, l'impôt est exigible même dans les an-
« nées de sécheresse et de disette. »

Tel était l'impôt en nature à l'origine des sociétés islamiques. Il avait un caractère essentiellement religieux et ne devait être employé « qu'au soulagement des pauvres, à la protection des voyageurs ou au rachat des esclaves, à l'instruction des fidèles, à la défense et à la propagation de la foi. »

Ce caractère tout particulier ne tarda pas à dégénérer avec le progrès de l'institution politique et l'impôt devint rapidement une contribution publique.

C'est cette dernière forme qu'il avait revêtu dans la Régence. Et comme les tributs imposés par les Turcs avaient été fixés arbitrairement, sans tenir compte ni de la situation du pays ni de la nature du sol ; que d'autre part, les Beys d'Oran et de Constantine ainsi que les sept caïds du Gouvernement d'Alger, répartissaient comme ils l'entendaient les charges qui leur incombaient, l'assiette de l'impôt n'avait jamais été uniforme et la quotité des prélèvements variait à l'infini.

Nous ne citerons que quelques-unes des taxes perçues en nature sous l'ancien gouvernement.

Les tribus du Beylik d'Alger payaient l'achour à raison d'une tsoultia par charrue ; le versement était fait moitié en blé et moitié en orge. (La tsoultia se composait de huit sâa, le sâa d'Alger représentant 55 litres environ.)

Les Arabes devaient, en outre, donner deux filets par meulon de paille et fournir des provisions de bouche, beurre, œufs, volailles, etc. (c'est-à-dire la mouna), aux troupes de passage.

Enfin, ils supportaient un impôt sur la culture du tabac, sur les mûriers, sur les arbres fruitiers, etc.

L'impôt était versé à la Djenina d'Alger. Chaque versement était enregistré par le kateb ; quant à l'état des versements, il était dressé par le caïd el achour.

Les taxes en nature prélevées dans le Beylik d'Oran ne différaient pas sensiblement de celles du Beylik d'Alger.

Dans le Beylik de Constantine, les impôts primitivement perçus étaient le djabri d'une part, la rebia et la sifia de l'autre. Deux ou trois ans avant l'occupation, ces trois taxes furent remplacées, par ordre du pacha d'Alger, par l'achour et le hokor.

Le djabri se déterminait comme il suit : Les caïds djabri constataient une fois pour toutes le nombre des charrues ensemencées dans chaque tribu et l'impôt était calculé à raison de 23 charges de céréales par charrue ; le versement était également effectué moitié en blé, moitié en orge.

Etant invariable, cet impôt pouvait être considéré comme une prime offerte à la culture ; il devenait, en effet, moins lourd lorsque le nombre des charrues ensemencées était augmenté. Lorsqu'il fut supprimé, il ne s'élevait en moyenne qu'à 10 charges par charrue effectivement cultivée.

Les taxes rebia et sifia étaient établies d'après le nombre de charrues adopté pour le djabri ; elles étaient acquittées au printemps et en automne.

L'achour était prélevé à raison d'une charge de blé, une charge d'orge et un filet de paille par charrue mise en culture, sans qu'il fut tenu compte ni de la qualité de la récolte, ni de la valeur du sol.

Quant au hokor, il était fixé à dix réaux par charrue.

La perception de ces deux derniers impôts était assurée par les caïds djabri qui avaient été maintenus sous le même nom, malgré les changements apportés au régime impositaire de la province. Les produits en nature étaient versés dans les divers bordjs du Beylik (Khennaba, Bordj Maamra, Sétif, etc.)

Achour et Zekkat dans les provinces d'Alger et d'Oran

Ainsi que nous l'avons déjà fait remarquer, l'impôt en nature avait été régularisé par Abdelkader dans la plus grande partie des provinces d'Alger et d'Oran.

Les tribus y étaient astreintes au paiement de la dîme, laquelle était prélevée sur tous les produits du sol, sur le bétail et sur les laines.

Le gouvernement français, après avoir prescrit l'application de ce régime impositaire dans toute l'étendue des deux provinces en question, abandonna les taxes les moins importantes, notamment celles sur les laines, le miel, le tabac et les arbres fruitiers. Il préleva pendant quelque temps l'impôt sur la paille pour assurer les besoins de la cavalerie ; en fin de compte, il n'a conservé que l'achour, impôt d'automne portant sur les grains, et le zekkat, impôt de printemps prélevé sur les bestiaux (1).

______

(1) L'émir prélevait en sus de la dîme les impôts El Maouna, Thouiza et El Khettia.

L'El Maouna (qui vient en aide) était un impôt extraordinaire prélevé en argent dans les circonstances graves, notamment pour permettre de faire face aux frais de la guerre.

Voici en quoi consistait la Thouiza :

Des améliorations ont été introduites successivement dans les formes de constatation et de perception, mais les bases mêmes de ces deux impôts sont restées ce qu'elles étaient avant nous, c'est-à-dire :

Pour l'achour, 1/10ᵉ du produit net de la récolte, déduction faite de la semence.

Pour le zekkat :

1 bœuf ou une vache sur	30	têtes de bétail.
1 chameau sur	40	—
1 mouton sur	100	—
1 chèvre sur	100	—

Pendant les premières années de l'occupation, ces impôts étaient prélevés en nature ; deux titres de recette étaient établis, l'un pour le zekkat et l'autre pour l'achour, afin de faciliter la perception qui se faisait, comme de nos jours, à des époques différentes.

Les commandants supérieurs des cercles, assistés d'une commission administrative, fixaient eux-mêmes les quantités de bétail, de blé et d'orge que les tribus avaient à verser. Ces quantités figuraient seules sur les rôles et leur transformation en argent n'était indiquée que pour permettre le rachat lorsque l'administration l'autorisait.

A un jour fixé par l'agha, tous les laboureurs d'une même tribu se réunissaient sur les terrains du Beylik et étaient obligés de les labourer et de les ensemencer à leurs frais.

Quant à l'impôt el Khettia (amende) il était prélevé en argent comme punition d'une faute.

Ces taxes furent également abandonnées.

Toutefois, l'El Khettia est représenté de nos jours par les amendes que l'on frappe sur les tribus en vertu du principe de la respensabilité collective.

Réformes apportées à l'Achour

On reconnut bientôt la nécessité de simplifier les travaux relatifs à l'assiette de l'achour qui, déjà à cette époque, étaient devenus considérables et souvent très difficiles. Cet impôt étant fixé au $^1/_{10}$ du produit net de la récolte, dépend de l'étendue du terrain mis en culture et du rendement de la terre, c'est-à-dire de la qualité de la récolte.

Pour faciliter les opérations du recensement, il suffisait donc de choisir une unité de surface, de la diviser en un certain nombre de classes suivant la qualité des produits et de fixer, pour chaque classe, une taxe spéciale en nature et en argent.

C'est ce qui a été fait et appliqué sur quelques points dès 1855, et généralisé dans les deux provinces à partir de 1858. Cette méthode est toujours en vigueur.

L'unité de surface est la charrue, mesure agraire connue des Arabes et adoptée de tout temps.

La charrue représente l'étendue qui peut être cultivée par une paire de bœufs pendant la saison des labours ; elle varie en raison de la difficulté plus ou moins grande du sol. Sa superficie moyenne est de dix hectares. Elle est divisée en cinq classes, suivant la qualité de la récolte et, d'après ce classement, imposée suivant un tarif croissant avec le rendement des terres.

Le tableau suivant fait connaître, les quantités d'orge et de blé à prélever par charrue cultivée, les notations T, très-bonne ; B, bonne ; A, assez bonne ; M. mauvaise ; N, nulle, indiquant l'état de la récolte :

ÉTAT DE LA RÉCOLTE	QUINTAUX métriques à imposer par charrue		OBSERVATIONS
	BLÉ	ORGE	
T	2 00	4	Ce tableau suppose que les Arabes cultivent les deux tiers de leurs terres en orge et un tiers en blé, et que le rendement de l'orge et du blé est à peu près le même.
B	1 50	3	
A	1 00	2	
M	0 50	1	Les quantités ci-contre représentent approximativement le 1/10 du produit net, déduction faite de la semence.
N	0	0	

Tarifs de conversion de l'Achour

Les tarifs de conversion en argent primitivement fixés par les commandants des cercles sont actuellement arrêtés par le Gouverneur général. Ils n'étaient au début indiqués sur les rôles que pour permettre le rachat ; depuis 1845 ils sont utilisés pour faire rentrer l'impôt, la perception étant effectuée, depuis cette époque, en numéraire et non en nature. Ils ont toujours été établis d'après le cours moyen des mercuriales.

Ces tarifs variaient d'abord d'un cercle à un autre. Ainsi, en 1856, ils étaient fixés dans la province d'Alger comme il suit :

CERCLES	QUINTAL MÉTRIQUE	
	BLÉ	ORGE
Alger...................	33	19
Blida..................	28	14
Coléa..................	30	20
Médéa.................	28	14
Miliana...............	28	14
Cherchell.............	28	14
Ténès.................	30	15
Orléansville..........	28	14

A partir de 1862 et jusqu'en 1866 inclusivement, ils n'ont varié que par province :

ANNÉE	PROVINCE	TARIF DE CONVERSION par quintal métrique	
		BLÉ	ORGE
1862	Alger.................	22	13
	Oran.................	25	12
1863	Alger.................	22	13
	Oran.................	25	10
1864	Alger.................	22	13
	Oran.................	25	10
1865	Alger.................	17 50	9 50
	Oran.................	18 00	8 00
1686	Alger.................	17 50	9 50
	Oran.................	18 50	8 00

Enfin, depuis 1867, ils sont uniformes dans les deux départements.

ANNÉE	DÉPARTEMENT	TARIF DE CONVERSION par quintal métrique	
		BLÉ	ORGE
1867	Alger .... Oran	17 50	9 50
1868 à 1873	Alger .... Oran	20 00	10 00
1874 à 1878	Alger .... Oran	22 00	11 00

Réformes apportées au Zekkat

Nous avons vu qu'on ne portait primitivement sur les rôles de zekkat que les quantités de bétail à prélever sur les tribus, le prix de conversion en argent ne s'appliquant qu'à ces quantités.

Depuis 1851, l'administration fait figurer sur les titres de recette d'achour et de zekkat, les produits recensés et l'impôt en argent correspondant.

Tarifs de conversion du Zekkat

Les tarifs de conversion en argent variaient, comme ceux de l'achour, d'un cercle à un autre ; ils ont été rendus uniformes dans les trois provinces à partir de 1863.

Jusqu'en 1874 ils ont été fixés comme ci-après :

Chameaux. (par tête) .... 4 fr. 00
Bœufs ....   —   .... 3 fr. 00
Moutons...   —   .... 0 fr. 15
Chèvres...   —   .... 0 fr. 20

Depuis cette époque et jusqu'en 1878 inclusivement, ils ont été arrêtés ainsi qu'il suit :

Chameaux. (par tête) .... 4 fr. 00
Bœufs ....   —   .... 3 fr. 00
Moutons ..   —   .... 0 fr. 20
Chèvres...   —   .... 0 fr. 25

Les tarifs de conversion du zekkat représentent approximativement les chiffres obtenus en divisant le prix net moyen d'un chameau, d'un bœuf, d'un mouton et d'une chèvre, par le nombre de têtes de bétail sur lequel était prélevé autrefois l'impôt en nature.

On les détermine plus exactement en appliquant aux prix marchands les taux de rendement net que l'expérience fait connaître approximativement par espèce de bétail et qui sont :

Pour le chameau de 20 % ;
Pour l'espèce bovine de 25 % ;
Pour l'espèce ovine de 25 % ;
Pour l'espèce caprine de 20 %.

Ainsi le chameau a une valeur moyenne de 200 francs, le rendement étant de 20 %, le revenu net annuel est de 40 francs, soit pour l'impôt ($1/_{10}$ de 40 fr.) ou .... 4 fr. 00

Le bœuf ou la vache se vendent moyennement 125 francs ; revenu net 31 fr. 25 ; $^1/_{10}^e$ . . . . 3 fr. 12

Le mouton ou la brebis, 14 francs ; revenu net 3 fr. 50 ; $^1/_{10}^e$ . . . . 0 fr. 35

La chèvre ou le bouc, 12 francs ; revenu net 2 fr. 40 ; $^1/_{10}^e$ . . . . 0 fr. 24

Il y a lieu de remarquer que la proportionnalité n'est pas strictement observée entre le tarif des chèvres et celui des moutons puisque l'impôt de ces derniers a toujours été inférieur pour une valeur constamment plus élevée. La cause de cet anomalie tient à une considération d'économie agricole qui tend à favoriser de préférence le développement de la race ovine.

Impôts arabes dans la province de Constantine

Achour, Hokor

L'administration française a conservé dans la province de Constantine les impôts achour et hokor établis par le gouvernement Turc.

L'achour est basé uniquement sur la charrue, c'est-à-dire en quelque sorte proportionnel à l'étendue des terres cultivées. La charrue n'est pas uniforme ; elle varie comme dans les deux autres provinces, en raison de la difficulté du terrain. Sa superficie moyenne est également de dix hectares.

Le hokor ne frappe que sur les terres arch et vient en sus de l'achour ; il peut être considéré comme une redevance par le paiement de laquelle les possesseurs de terres arch reconnaissent le droit de propriété du souverain.

Cet impôt présente les mêmes inconvénients que l'achour, attendu qu'il est comme ce dernier d'une somme fixe par charrue.

L'impôt hokor a toujours été payé en argent ; il était primitivement fixé à 30 francs par charrue. Lorsque l'achour était prélevé en nature, les contribuables versaient dans les greniers de l'Etat les quantités d'orge et de blé qui, d'après le prix moyen des céréales, représentaient une taxe de 25 francs par charrue.

Dès 1845, l'achour a été perçu en argent comme dans les deux autres provinces. L'acquittement en nature n'a été admis, depuis lors, qu'à titre exceptionnel, dans l'intérêt de l'approvisionnement de l'armée et seulement dans les places où les difficultés de communications rendaient les achats de grains à faire par l'Administration militaire tellement onéreux qu'il y avait avantage pour l'Etat à recevoir l'impôt sous cette forme. (Ordonnance du 17 janvier 1845.)

Zekkat

Le zekkat n'existait pas à Constantine sous le gouvernement du Dey ; l'impôt y était donc moins lourd qu'à Alger et à Oran.

Pour égaliser les charges et améliorer les revenus publics, le Gouvernement général de l'Algérie fit étudier en 1856, la question de l'établissement du zekkat dans cette province. Et comme il était indispensable de ne pas passer brusquement d'un régime à l'autre sans transition, et aussi pour rendre le changement moins sensible, l'achour de 1857 fut porté de 25 francs à 35 francs ; quant au hokor, il fut maintenu à son taux traditionnel de 30 francs.

En 1858, le zekkat fut appliqué aux troupeaux re-recensés, mais en même temps, et afin d'obvier aux embarras que pouvait causer la demande subite d'un impôt beaucoup plus considérable, le hokor fut réduit de 30 francs à 20 francs, et l'achour fut ramené au taux de 25 francs. Ces chiffres n'ont plus changé ; toutefois, il existe des taxations exceptionnellement atténuées qui varient, pour le hokor, de 10 francs à 20 francs, et pour l'achour, de 3 francs à 25 francs. Ces tarifs ont été fixés par des arrêtés locaux auxquels l'Administration centrale est restée étrangère et qui ont été pris, sans doute, pour tenir compte des différentes qualités du sol.

Observations générales sur les impôts achour et zekkat

Dans les provinces d'Alger et d'Oran, l'impôt achour représente réellement le 1/10 de la récolte.

A mesure que le prix des céréales s'est élevé, en raison des exportations et des facilités offertes au commerce, tant par la sécurité du pays que par la construction des voies de communication et la création des centres de consommation, la valeur représentative de cet impôt a suivi une marche ascendante.

Les mêmes motifs ont influé sur la marche du zékkat. L'Indigène trouvant des débouchés plus avantageux et plus nombreux pour la vente de ses produits, les a livrés à des prix plus élevés et l'impôt a dû naturellement suivre le cours des marchés afin de représenter la même proportion dans les ressources des contribuables.

L'achour de Constantine étant, au contraire, invariable, il en résulte que l'Etat n'est pas appelé à profiter des chances heureuses d'une bonne récolte comme dans les deux autres provinces, tandis qu'il subit sans compensation les chances contraires d'une mauvaise année. Dans ce dernier cas, en effet, par un sentiment d'équité et de bienveillance, l'administration supérieure fait remise d'une partie ou de la totalité de l'impôt à l'Indigène dont les cultures ont souffert. C'est à ce motif qu'il faut attribuer le chiffre considérable des dégrèvements qui sont prononcés annuellement en faveur des Indigènes de Constantine, tandis que dans les deux autres provinces les remises d'impôt sont habituellement peu importantes.

Il convient de rappeler à cet égard que d'après le Coran, l'impôt zekkat, c'est-à-dire la dîme, doit être versé même dans les années de sécheresse et de disette.

Les Turcs exigeaient l'impôt tous les ans, quelle que fût la situation des contribuables, et l'état de la récolte ; dans ces deux cas les cotisations étaient reportées d'une année à l'autre.

Les impôts achour, hokor et zekkat ne sont pas les seuls qui sont appliqués aujourd'hui aux populations indigènes. Nous avons aussi l'impôt de capitation, la lezma sur les palmiers et la lezma fixe du Sud.

Impôt de capitation

Après la conquête de la grande Kabylie, actuellement annexée au département d'Alger, le maréchal Randon assujettit les tribus de cette région à un impôt spécial dit de capitation qui fut, par décision du 18 janvier 1858, établi sur les bases ci-après indiquées :

Dans chaque tribu, les hommes susceptibles de porter les armes, c'est-à-dire en âge de concourir aux charges de la commune, furent divisés en quatre catégories :

La 1re, comprenant les gens riches ou jouissant d'une grande aisance relative ;
La 2e, ceux d'une aisance moindre ;
La 3e, les hommes n'ayant que des ressources médiocres ;
La 4e, ceux qui ne possédaient rien.

Cette dernière catégorie fut déclarée exempte de toute redevance. Les trois autres furent taxés, savoir :

La 1re, à un impôt fixe annuel de 15 fr. par individu.
La 2e — de 10 —
La 3e, — de 5 —

La décomposition de ces chiffres sur les rôles devant, en vertu de la décision précitée, être faite de la manière suivante :

1re catégorie. — Impôt principal 12 70
Part revenant à l'Etat 11 43
1/10e pour les amins des villages. . 1 27
0 18 par franc (centimes additionnels). 2 30
                                Total. . . . 15 00

2e catégorie. — Impôt principal 8 50
Part revenant à l'Etat. 7 65
1/10e pour les amins des villages. . 0 85
0 18 par franc (centimes additionnels). 1 50
                                Total. 10 00

3e catégorie. — Impôt principal. 4 25
Part revenant à l'Etat. 3 825
1/10e pour les amins des villages. . 0 425
0 18 par franc (centimes additionnels). 0 750
                                Total. 5 000

Ces dispositions, dans la pensée même de leur auteur, étaient essentiellement provisoires et devaient être modifiées, lorsque les populations auxquelles elles s'appliquaient auraient réparé les pertes que la guerre leur avait causées et qu'il serait possible de procéder à un recensement régulier des matières imposables dans chaque tribu. Cependant, par suite de circonstances diverses et notamment de nombeux projets qui, depuis cette époque, ont été successivement mis à l'étude, en vue de la transformation des impôts arabes en général, le système consacré par la décision du 18 février 1858, est resté jusqu'à ce jour, en vigueur.

Il importe donc de classer les contribuables, suivant leur position de fortune et de rechercher chaque année les jeunes Kabyles qui sont en raison de leur âge, susceptibles de concourir aux charges communales.

D'après les coutumes kabyles, l'adulte n'était reconnu apte à porter les armes et à concourir aux charges de la communauté qu'après avoir accompli pendant deux années consécutives le jeûne du ramadan ; la 3ᵉ année seulement, il était inscrit sur les listes d'impôt.

D'un autre côté, le jeûne était prescrit par le marabout de chaque village à tout individu dont les cartilages du nez étaient solidifiés et qui subissait, dans les conditions voulues, l'expérience dite « de la ficelle. »

Cette expérience se pratique ainsi qu'il suit :

On prend un bout de ficelle que l'on double ; avec cette ficelle doublée on mesure exactement le cou du jeune homme. Celui-ci réunit alors entre ses dents les extrémités de la dite ficelle dédoublée et forme avec le corps de la ficelle une boucle qu'il doit passer par-dessus le sommet de la tête.

Si la boucle passe, il est dans l'obligation de jeûner.

Aujourd'hui encore, les marabouts pratiquent cette cérémonie dans les tribus kabyles du territoire militaire et obligent au jeûne les adultes remplissant la condition sus-indiquée.

En territoire civil, cette épreuve n'est plus en usage que dans la tribu des Beni Khalfoun, commune mixte de Palestro, et dans les tribus de la commune mixte de Tizi-Ouzou. Mais dans les tribus où cette coutume est encore pratiquée, comme aussi dans celles où elle ne l'est plus, il est dressé chaque année une liste des adultes qui jeûnent pour la première fois.

Ces listes sont utilisées dans les travaux de recensement et en facilitent l'exécution.

L'impôt de capitation existe également dans les territoires kabyles du département de Constantine, mais les bases diffèrent des précédentes et ne sont pas uniformes entre elles.

Ainsi, dans le cercle de Bordj-bou-Arréridj, la Lezma de capitation est établie par feu d'après un taux fixé à 20 francs.

Dans le cercle de Sétif et l'annexe de Takitount, le système d'impôt est le même, sauf que le tarif est de 22 fr. 50.

Enfin, dans les cercles de Bougie et d'Akbou, l'impôt consiste en une somme invariable par tribu laquelle est répartie entre les contribuables par les Djemaâs.

L'impôt de capitation est donc de répartition dans ces deux derniers cercles, tandis qu'il est de quotité dans les autres et dans la grande Kabylie.

Lezma sur les palmiers

L'impôt sur les palmiers n'existe que dans les départements d'Alger et de Constantine.

Chaque pied d'arbre en rapport doit une taxe qui varie de territoire à territoire.

Les taxes en vigueur, fixées à des époques qu'il est le plus souvent difficile de déterminer, sont de 25, 30, 35, 40 et 50 centimes par pied.

Lezma fixe du Sud

Dans le Sud de nos possessions, quelques territoires sont assujettis au paiement de sommes fixes pouvant être considérées comme de véritables tributs et qui sont arrêtées pour une période de temps variant le plus souvent de 5 à 10 ans.

Ces sommes sont calculées, tantôt d'après le nombre de palmiers en rapport comme dans les cercles de Bou-Saâda et de Biskra ainsi que dans l'aghalik de Tuggurt, tantôt d'après le nombre des palmiers et celui des bestiaux comme dans le cercle de Laghouat (Ouargla et M'zab).

Dans l'espèce, l'impôt est d'abord de quotité puisqu'il est calculé sur le chiffre exact des éléments d'imposition obtenus par le recensement que l'administration effectue la première année de l'application ; il devient, au contraire, impôt de répartition dès le second exercice puisque le produit reste le même, pendant toute la période, alors que le nombre des éléments imposables est susceptible de changer tous les ans.

Centimes additionnels

A partir du 1ᵉʳ janvier 1856, des centimes additionnels ordinaires ont été ajoutés au principal de l'impôt arabe en vue de remplacer les taxes et contributions supplémentaires que les tribus s'imposaient pour faire face aux dépenses d'utilité commune.

Le nombre en a été porté de 10 à 18 par l'arrêté ministériel du 26 février 1858.

Ces centimes sont perçus en territoire de commandement et dans les communes mixtes civiles. Dans les communes de plein exercice, ils sont remplacés par la taxe sur les loyers.

Des centimes additionnels extraordinaires sont également ajoutés depuis quelques années au principal des impôts arabes pour assurer les dépenses résultant de l'application de la loi du 26 juillet 1873, sur la constatation et la constitution de la propriété individuelle chez les Indigènes.

La quotité de ces centimes avait été fixée par décret du 13 juillet 1874, à 2 centimes par franc sur le principal des impôts achour, zekkat, hokor, et à 10 centimes par franc sur le montant de l'impôt de capitation spécial aux Kabyles. Le décret du 27 juillet 1875 en a élevé le taux à 4 centimes et à 20 centimes.

Assiette des impôts arabes

L'autorité militaire était chargée primitivement du recensement des impôts arabes dans toute l'étendue de nos possessions ; depuis l'organisation du territoire civil, elle n'opère qu'en territoire de commandement.

L'assiette de l'impôt qui a été effectuée en territoire de droit commun par les bureaux arabes civils et par le service des contributions diverses, est assurée actuellement par les agents coloniaux du service des contributions directes.

Dès le commencement de l'année, ces agents se transportent dans les douars en vue d'y recueillir les déclarations des contribuables; ils font ensuite des vérifications à l'improviste, pour se rendre compte de l'exactitude des déclarations.

Dans les départements d'Alger et d'Oran, il est fait une seconde tournée, à une époque aussi rapprochée que possible de celle de la moisson, pour constater *de visu* la qualité des récoltes, qui sert de base à la fixation des cotes individuelles d'impôt achour.

Dissimulation de matières imposables

L'Administration supérieure s'est préoccupée à diverses reprises de la tendance des Indigènes à dissimuler les éléments d'imposition qu'ils possèdent eux-mêmes ou à favoriser parmi leurs coreligionnaires les dissimulations de cette nature.

Un arrêté en date du 16 avril 1872, établissait par voie de double et de triple taxe, à titre d'amende, un système de répression dans le but de mettre un terme à ces fraudes. Ces mesures répressives ont cessé d'être appliquées et, depuis 1875, les dissimulations en matière de recensement des animaux et objets imposables, sont considérées comme infractions spéciales à l'indigénat. Ces infractions, déterminées par des arrêtés préfectoraux pris en exécution des décrets des 29 août et 11 septembre 1874, sont passibles des peines édictées par les articles 465 et 466 du Code pénal.

Confection des rôles

Les titres de recette ont été établis successivement par l'autorité militaire et par le service percepteur. C'est à l'administration des Contributions directes qu'incombe, depuis 1872, la confection de ces documents.

Les rôles sont rendus exécutoires par les Préfets des départements et par les généraux commandant les divisions territoriales, chacun en ce qui concerne son ressort administratif (A. du 19 février 1859, art. 2).

En territoire civil des avertissements sont remis aux contribuables au moment de la publication des rôles.

Cette mesure n'a pas été encore étendue à tout le territoire militaire.

Perception

Le recouvrement de l'impôt arabe a été effectué en premier lieu par le service des Domaines (A. du 17 mars 1832) ; il a été ensuite confié à l'administration des Douanes (A. du 8 décembre 1834); depuis 1846

(O. R. du 2 janvier) le service des Contributions diverses séparé de celui des Douanes, est chargé de cette opération.

La perception est faite individuellement par les agents financiers dans toute l'étendue du territoire civil ; elle est opérée en la forme collective, dans le territoire de commandement.

Les chefs indigènes du territoire militaire étant chargés de faire la collecte chez les contribuables, reçoivent, à titre de rémunération et conformément aux dispositions de l'article 3, 1°, de l'ordonnances organique du 17 janvier 1845, le 1/10 du principal brut de l'impôt qu'ils versent dans les caisses des receveurs des Contributions diverses.

Ce tarif de rémunération est appliqué d'une manière uniforme dans les trois départements, sauf les exceptions ci-après qui ont été maintenues par suite de considérations politiques, dans le sud des divisions d'Alger et de Constantine.

Il est alloué aux collecteurs de l'Aghalik d'Ouargla (département d'Alger) le 1/3 du produit brut de l'impôt en principal.

A Constantine, les seules anomalies se trouvent dans le cercle de Biskra.

Ainsi, dans la commune mixte de Biskra, les chefs collecteurs touchent le 1/6 de l'impôt Lezma.

Dans la commune indigène de ce nom, certains chefs reçoivent le 1/6 du principal de l'impôt Lezma et d'autres le 1/3 principal des impôts Zekkat et Lezma réunis.

Ce dernier tarif exceptionnel est appliqué à l'aghalik de Tuggurt, Oued Rir et Souf, Temacin, Oued Sahia et Ouled Mouled.

Pour opérer le recouvrement de l'impôt, les chefs indigènes sont munis de registres à souche qui sont de véritables rôles individuels ; ils doivent en détacher les volants pour les remettre aux contribuables, au moment où ceux-ci acquittent leurs cotisations. Cette réforme, qui a été adoptée en 1878, sera appliquée dès 1879, dans toute l'étendue du territoire militaire, sauf l'extrême sud où les populations sont nomades.

Réclamations

Les réclamations en matière d'impôt arabe sont de deux natures.

Les demandes en décharge et en réduction qui présentent un caractère essentiellement contentieux, sont soumises à la juridiction du Conseil de Préfecture dont la compétence a été étendue à tout le territoire de l'Algérie par le décret du 7 juillet 1864 (art. 26).

Les dégrèvements à titre gracieux sont réservés au Gouverneur général (A du 19 février 1859, article 3, § 2).

Le service des contributions directes participe à la vérification des réclamations collectives qui se produisent en territoire militaire et à l'instruction des demandes de toute nature qui sont présentées en territoire civil.

L'autorité militaire instruit sans le concours des agents financiers, les réclamations individuelles qui émanent des contribuables du territoire de commandement.